# EL DESEO DE INDEPENDENCIA DE CATALUÑA

## CAUSAS HISTÓRICAS Y CONSECUENCIAS ECONOMICAS DE A SECESIÓN DE ESPAÑA

**Publicado por primera vez:**

**Wolfgang Eibner (2020):**

Catalonia's Desire for Independence.

Historical Causes and Economic Consequences of a Secession from Spain. In: Estonian Discussions on Economic Policy, Volume XXVIII, No. 1, Jäneda 2020.

I

# Tabla de contenido

# 1. Objetivo de la investigación

## 1.1 Actualidad

La reciente salida del Reino Unido de la Unión Europea, con efecto a partir del 31 de enero de 2020, es sólo uno de los acontecimientos que inevitablemente nos lleva a examinar el deseo que existe en muchos estados o regiones de recuperar o reforzar su "soberanía nacional".

Por un lado, este deseo creciente de mayor independencia nacional afecta a los Estados de la UE que intentan ampliar de nuevo su ámbito nacional en detrimento de la integración europea:

- especialmente los países de Europa del Este, que ven amenazada su identidad nacional por la UE, en particular Polonia, Hungría o la República Checa;

- pero también Estados como Francia e Italia, donde los fuertes movimientos populistas plantean repetidamente la cuestión de dejar la Unión Europea, como el partido Rassemblement National bajo su líder Marine Le Pen en Francia, o al menos retirarse de la Unión Económica y Monetaria Europea (UEM), es decir, de la zona del euro, como lo puso a debate la «Lega Nord per l'indipendenza della Padania», bajo su presidente Matteo Salvini;

- o el actual caso extremo de un país populista que busca la independencia: Gran Bretaña, que dejó a la Unión Europea con el llamado Brexit.

Por otro lado, este deseo de una mayor soberanía nacional también se refiere a un gran número de regiones de Europa, es decir, áreas dentro de un Estado (no sólo) de la Unión Europea, que quieren independizarse de su estado anterior, es decir, quieren abandonar ese Estado y establecer su estado propio.

Ejemplos de él son las regiones de los Estados de la UE, en particular Cataluña, Flandes, Valonia y Escocia, los cuales actualmente están formulando y exigiendo su deseo de independencia.

En muchas otras regiones de los países de la UE hay al menos un debate latente sobre la autonomía.

Ejemplos de él son el País Vasco y Galicia en España, Córcega y Bretaña en Francia, Padania (norte de Italia) en Italia, Cerdeña, Tirol del Sur y Véneto, así como en el Reino Unido Irlanda del Norte y Gales, o incluso las Islas Feroe y Groenlandia, a los que se les concedió un estatuto de "igualdad de naciones" dentro del Reino danés por los derechos de autogobierno de prueba blanca de Dinamarca, incluido el derecho de no pertenencia a la UE.

Incluso la región de Baviera había presentado un documento interno en 1990 en el curso de la reunificación, comprobando las consecuencias de una retirada bávara del entonces modificado territorio federal alemán.

## 1.2  Objetivo de la discusión

El número de esos Estados o regiones y la diversidad de sus esfuerzos para lograr la independencia inevitablemente nos llevan a cuestionar cuáles serían las consecuencias para la sociedad, la economía y la viabilidad general del futuro tanto de la zona que se separa de su país de origen como del resto del país restante.

En este contexto, el siguiente artículo examina el ejemplo de la región europea, que actualmente está luchando más por su autonomía, sin duda Cataluña, y las consecuencias económicas fundamentales que tendría tener que salir de Cataluña.

El análisis se limita a los análisis netamente económicos; consideraciones adicionales sobre las consecuencias sociales, también ecológicas (por ejemplo, el uso excesivo de recursos debido al empobrecimiento de un país) se proporcionan para estudios adicionales.

Este artículo se propone responder a tres preguntas, que se enumerarán a continuación:

1. ¿Cuáles son las causas históricas y contempo-
ráneas de los esfuerzos concertados para lograr la
independencia en Cataluña?

En consecuencia, el capítulo 2 comenzará con una reminiscencia histórica para hacer más tangible el
trasfondo del deseo de autenticidad firmemente arraigado en Cataluña. La búsqueda catalana de autonomía
va mucho más allá de las cuestiones puramente medi-
oambientales y, por lo tanto, no sólo se debatirá desde
un punto de vista puramente económico.

Además, se discute brevemente el estado de autonomía
actual de Cataluña, de modo que en los siguientes
análisis se puedan incluir nuevos requisitos de autonomía.

2. ¿Cuál es la estructura económica de Cataluña
frente a la de España en su conjunto? ¿La separación de España appear es una opción sensata por
razones económicas, como estructuras económicas
fundamentalmente diferentes?

Por lo tanto, en el capítulo 3, como punto de partida del análisis de las consecuencias de la independencia estatal completa de Cataluña en el capítulo 4, se realiza un examen conciso de los datos económicos básicos de Cataluña en comparación con el de España.

Además de los hechos relevantes de la estructura económica, el problema de la deuda pública que debe dividirse entre los dos actores y las posturas de comercio exterior de Cataluña y España son de particular interés.

3. ¿Cuáles serían, en última instancia, las consecuencias económicas de la independencia para hacer la propia Cataluña, pero también para España?

Para responder a esta pregunta, el capítulo 4 transfiere los resultados de los análisis del capítulo 3 a las consecuencias económicas para Cataluña y España que cabe esperar de él.

El artículo termina en el capítulo 5 con una conclusión y una recapitulación de la acción sobre la base de los resultados de estos análisis.

# 2. Causas históricas de los esfuerzos actuales para lograr la independencia de Cataluña

Para entender el deseo históricamente arraigado de muchos Catalanes por la independencia de España, es esencial echar un vistazo a la historia de las relaciones entre Cataluña y España.

## 2.1 La ruta histórica que llevó a la deseo de autonomía nacional

El surgimiento económico y político de Cataluña comenzó en los años posteriores a la conquista de la Península Ibérica por los moros en 711 d.c, cuando posteriormente se estableció una zona segura contra las incursiones moriscas en los estados ibéricos nororientales de Carlomagno (comparado por ejemplo Henry John Chaytor, 1933). En este sentido, por primera vez, los territorios catalanes son hostiles a las zonas restantes de la Península Ibérica. Desde esta posición especial, el imperio catalán se desarrolla a partir de 878 d.c.

Los Condes de Barcelona unieron fuerzas cómo el "Principado de Cataluña" en 1137 d.c con Aragón para formar la comunidad de estados "Corona de Aragón".

Cataluña se convirtió debidamente en el centro comercial y cultural de la Corona de Aragón gracias a su flota de buques comercializadores, siguió siendo la nación comercial más importante del Mediterráneo occidental hasta 1469 d.c.

Un año clave en la historia compartida de Cataluña y España es 1469. Eso fue el año el cual se casaron los "monarcas católicos" Fernando de Aragón e Isabel de Castilla, lo que significaba que Castilla, Aragón y Cataluña se unieron por primera vez y Cataluña pasó a formar parte del Estado español centralizado. En ese momento, esto ya otorgaba derechos especiales a los catalanes, debido a su poder económico.

Un evento importante en la historia de Cataluña fue la guerra hispano-francesa de 1635 a 1659.

Durante este período caótico, Portugal y Cataluña declararon su independencia de la corona española en 1640.

Mientras que Portugal es conocido por haber sido capaz de mantener su indepenencia de España desde entonces, España reconquistó Cataluña, que estaba estrechamente alineada con Francia en los años siguientes.

"Cataluña triunfante. Volvera a ser rica y llena que retroceda esta gente tan ufana y tan soberia. Buen golpe de hoz, buen golpe de hoz defensores de la tierra. ¡Buen golpe de hoz! [...] Como hacemos caer espigas de oro cuando conviene segamos cadenas. ¡Buen golpe de hoz!" Los Segadores ("Els Segadors") en memoria de este corto período de la última readquisición de su soberanía como resultado del levantamiento campesino de los segadores en 1640 (cf. "Els Segadors", vídeo con subtítulos en español).

La reconquista de Cataluña hasta 1652 fue el último éxito relevante de los españoles en la guerra con Francia: en 1659, el rey Español Felipe IV aceptó los Pirineos como frontera (todavía válida) entre España y Francia, perdiendo así los territorios al norte de los Pirineos (hoy departamento francés de "Pyrénées-Orientales"), bajo los términos del Tratado de los Pirineos.

El periodo históricamente más importante sufrido por Cataluña se produjo como resultado de la Guerra de Sucesión Española del 1701 al 1714. Cataluña apoyó al perdedor posterior, el archiduque Carlos de Habsburgo, contra el borbón Philippe de Anjou.

El 11 de septiembre de 1714, después de un asedio de 14 meses que causó mucho sufrimiento, un ejército francés borbónico capturó Barcelona. Las fuerzas de ocupación destruyeron grandes partes de la ciudad. En el estado unificado que resultó, Cataluña perdió todos los derechos especiales que existían desde 1469 y la lengua castellana del estado centralista sustituyó formalmente al catalán, la lengua de Cataluña, como lengua oficial.

Tras la muerte del general Franco esta fecha de la derrota de la región el 11 de septiembre de 1714 se ha convertido en un día festivo nacional en Cataluña y ha sido repetidamente una de las fechas clave en las que la región expresa su resistencia contra el Estado español.

## 2.2 La Guerra Civil Española como causa central de la independencia catalana

Aunque todos estos acontecimientos tuvieron lugar hace muchos años, otro acontecimiento todavía ejerce una fuerza significativa que impulsa la resistencia de muchos catalanes contra España: la Guerra Civil Española de 1936 al 1939, también debido a que muchos catalanes viven de este período todavía.

El 19 de julio de 1936, los generales dirigidos por Francisco Franco y Emilio Mola Vidal despojaron al gobierno democráticamente elegido de la Segunda República Española.

Este golpe condujo a una larga guerra civil, que fue descrita como extremadamente horrible por Pablo Picasso en su pintura Guernica (cf. Rudolf Arnheim, 1962/2014) o en muchas obras de la literatura mundial como George Orwell (Homenaje a Cataluña), André Malraux (La esperanza del hombre) o Ernest Hemingway (Para quién los campanarios).

Esto no fue menos importante porque se convirtió en una guerra de poderes entre los estados fascistas de Alemania bajo Hitler e Italia bajo Mussolini, por un lado, que apoyan al general Franco, y a la Unión Soviética bajo Stalin, por otro lado, el apoyó a la república de izquierda, pero que también fue apoyada por intelectuales europeos a largo plazo con voluntarios a través de las fronteras.

Durante la Guerra Civil Española, Cataluña se puso del lado de los republicanos, y puso acepta resistencia contra los fascistas (cf. también Michael Alpert, 1994).

Como todos sabemos, el general Franco salió victorioso al final de la Guerra Civil Española: Fue devastador para Cataluña que la caída de Barcelona, uno de los últimos bastiones de la República, sellara la victoria de los fascistas el 26 de enero de 1939. Todo el territorio de Cataluña fue ocupado el 10 de febrero de 1939. (Véa como una de las obras más completas sobre la Guerra Civil Española: Antony Beevor, 2006.)

Cientos de miles de ejecuciones y hasta el día de hoy innumerables fosas comunes sin marcar son el resultado. Hijos de republicanos fueron separados de sus padres y colocados en custodia católica:

La investigación actual habla de 30.000 casos de sustracción infantil por motivos políticos (véase Carme Molinero et al., 2003), lo que también significa que muchos catalanes siguen siendo hostiles, no sólo al estado Español, sino también a la iglesia Española.

Durante lo que llegó a ser conocido como el "Período Azul" - los primeros cinco años del régimen fascista franquista - muchos catalanes que habían apoyado a los republicanos durante numerosos años fueron víctimas de grandes "purgas" violentas, consistentes en represión general, tortura y cientos de miles de ejecuciones.

Se estima que en el período posterior a la Guerra Civil, los prisioneros políticos solían ser más de 1.5 millones.

Además, se llevaron a cabo estudios de presos políticos en campos de concentración con la ayuda de nacionalsocialistas alemanes para demostrar que sus puntos de vista marxistas fueron el resultado de una supuesta inferioridad intelectual y biológica.

Los periódicos y publicaciones catalanes, junto con la bandera catalana y el himno nacional estaban prohibidos y se hispanicieron nombres de ciudades y calles. Por segunda vez desde 1714, el castellano fue nuevamente designado como lengua oficial de la región, mientras que el uso del catalán estaba prohibido.

Todo esto ilustra que la búsqueda catalana de autonomía está histórica y socialmente arraigada y en este sentido, en última instancia no se basan en los argumentos económicos que a menudo se consideran centrales en el debate actual.

## 2.3  El estatus actual de Cataluña como comunidad autónoma

Con la muerte del Generalissimus Franco en 1975, comenzó un periodo de transición de varios años, las etapas más importantes de las cuales fueron, en particular, la legalización de los partidos en el curso de la gran "reforma de la justicia penal" de 1976 y la aprobación de la nueva constitución por la población española en 1978 por mayoría de 88%.

Las Cortes, que anteriormente habían sido un parlamento de las fincas, se convirtieron en un parlamento bicameral elegido universalmente, libre, igual y secreto.

Además, por primera vez desde la República, la Constitución restableció el sufragio femenino, que no podría haberse ejercido durante el franquismo y el Estado español ahora estaba mucho más organizado a nivel federal.

Hoy en día, España se subdivide en 17 comunidades autónomas, cada una con su parlamento y gobierno regional. Sin embargo, el artículo 2 de la Constitución Española de 1978 asocia el derecho de autonomía al principio de la unidad "indissoluble" de la nación española. Esto significa que se excluye explícitamente la autonomía en el sentido de secesión del Estado español. Además, y para la ira de las regiones, el artículo 149 de la Constitución especifica muchas competencias que seguirán siendo la única preservación del Estado centralizado: en particular los ámbitos de la justicia y la política fiscal, pero también la inversión en infraestructura, así como la seguridad interna y externa. La política financiera es uno de los principales ámbitos que desató la lucha por la autonomía entre Cataluña y el Gobierno central español.

El hecho de que el Gobierno central determine en última instan-cia los ingresos totales o su distribución mediante medidas de compensación financieras pasivas o activas, está haciendo que Catalu-ña, en particular, se sienta gravemente desfavorecida desde el punto de vista financiero.

En este context también se discute la falta de inversión en infraestructuras por parte del Gobierno central de Cataluña desde el punto de vista catalán.

Además, el Gobierno central goza de plena soberanía en términos de administración, lo que significa que cualquier cambio en las estructuras administrativas, y por lo tanto explícitamente a los estatutos que rigen la autonomía, y las cantidades de fondos delimitadas, sólo puede ser promulgada a través del gobierno de España.

El autogobierno otorgado por la Constitución dentro de los respectivos estatutos de autonomía otorga a las 17 Comunidades Autónomas amplias competencias, especialmente en los ámbitos de la salud, la cultura y la política educativa, incluida por ejemplo, la autonomía de la lengua en Cataluña.

En general, de acuerdo con los estatutos de autonomía vigentes, los derechos especiales de la autonomía permiten controlar una amplia gama de tareas por parte de las regiones, además del Estado central: Cataluña por ejemplo, tiene su propia fuerza policial, los Mossos d'Esquadra.

De conformidad con el artículo 147 de la Constitución, los Estatutos de la Autonomía constituyen las normas básicas de las comunidades autónomas que pueden formar o no. Sin embargo, es posible observar que desde 1978, las regiones españolas tienen cada vez más éxito en la expansión de sus competencias dentro del régimen de autonomía.

Un aspecto importante de la autonomía son también las respectivas elecciones a los parlamentos regionales. Entre otros En Cataluña, se asignan 135 escaños en el parlamento regional cada cuatro años en elecciones generales directas. La asignación de mandatos se lleva a cabo en el procedimiento d'hondt (nombrado después del estadístico d'Hondt) únicamente a nivel de circunscripción. Además, sólo los partidos que han logrado al menos el 3% de los votos en la circunscripción respectiva pueden entrar en el parlamento.

Los partidos actualmente relevantes para Cataluña se dividen en tres grupos, con los partidos independentistas, entre ellos el CeC-Podemos, con mayoría desde las elecciones regionales de 2015 y 2017.

Hay

> **tres partidos que piden fuertemente la independencia catalana:**
>
> - ERC (Esquerra Republicana de Catalunya): partido regional de izquierda-republicana
> - CUP (Candidatura d'Unitat Popular): separatista izquierdo, neomarxista
> - JxCat (Junts per Catalunya): separatistas catalanes, partido de los desprovistos liberales conservadores Carles Puigdemont

➤ **un partido que sólo apoyaría la independencia si el referendum es positivo:**

- CeC-Podem (Catalunya en Comu-Podem, en español: Cataluña en Común-Podemo): izquierda, alianza electoral autónoma de Catalunya en Comú y Podem

➤ **tres partidos que se oponen firmemente a la independencia:**

- Ciutadans: Partido Cívico Liberal

- PP (Partido Popular): partido popular conservador (partido del ex primer ministro español Rajoy)

- PSC (Partit dels Socialistes de Catalunya): Socialistas catalanes.

Aun que España no tiene un sistema federal tan amplio como Alemania, donde muchas regulaciones no pueden cambiarse sin el consentimiento de las regiones (lo que también es absolutamente exeptional en la comparación internacional), en España es muy posible hablar de un sistema de funcionamiento para la promoción y revitalización de las estructuras federales, en teoría.

En España, a partir de 2006, la noción de federalismo ha ganado terreno significativo. Este fue el año en que las reformas negociadas y ratificadas a los estatutos de autonomía debían haber concedido mayores derechos y competencias decisorias a Cataluña en particular.

El primer ministro socialista Zapatero acordó con Cataluña en 2006 un nuevo estatuto de autonomía mucho más federal, que luego fue adoptado por los parlamentos español y catalán y adoptado por los catalanes como una nueva "ley básica".

Esta relajación en la relación entre Cataluña y el Estado central fue revertida en 2010 por el partido conservador de derechas "Partido Popular", que presentó una reclamación ante el Tribunal Constitucional de España contra los acuerdos de autonomía, que consideraba demasiado amplios.

De hecho, el Tribunal Constitucional dictaminó que partes de este Estatuto de Autonomía debían considerarse inconstitucionales, en particular la declaración de Cataluña como una "nación" en el artículo 1 del Estatuto fue anulada (cf. el estatuto de autonomía de 2006: Parlament de Cataluñya, 2012).

Esto condujo a las recientes diferencias masivas entre Cataluña y el Estado central, que fueron agravadas por el primer ministro español Mariano Rajoy Brey debido a la intransigencia de su gobierno.

Fue en ese momento cuando los desacuerdos fundamentales más recientes entre Cataluña y el Estado centralizado alimentaron y condujeron al referéndum sobre la independencia de Cataluña el 1 de octubre de 2017.

En este referéndum, el 90% de los catalanes que participaban en la votación (alrededor del 40% de los que tienen derecho a voto) votaron a favor de la secesión y la independencia de España (cf., Time 2017, entre otros).

Sobre la base del artículo 2 de la Constitución de España, dicho referéndum se consideró incumpliendo la Constitución y todo el proceso asociado a los esfuerzos de independencia designados un acto delictivo, que culminó en la autonomía de Cataluña siendo suspendido por el Gobierno central por un corto período de tiempo el 17 de octubre de 2017.

Tras el inesperado derrocamiento de Rajoy por la elección del nuevo primer ministro socialista Pedro Sánchez el 1 de junio de 2018, comenzó a desarrollarse un ligero cese en las relaciones entre Cataluña y el Gobierno central.

Sin embargo, las severas penas de hasta 13 años de prisión para quienes iniciaron el referéndum por el Tribunal Supremo (cf., entre otros, BBC, 2019) volverán a alimentar la disputa entre el Gobierno central y Cataluña y alimentarán aún más el esfuerzo de independencia.

# 3. Datos económicos clave de Cataluña y España – Una comparación

Después de estas observaciones sobre la aspiración independentista de los catalanes, históricamente profundamente anclada y impulsada políticamente masivamente, así como sobre la visión aproximada de las estructuras de autonomía dadas, les presentaremos -en el siguiente apartado-, a examinar hasta que punto las condiciones económicas favorecerían la independencia de Cataluña o la harían parecer alcanzable.

## 3.1 Una comparación del poder económico y la estructura economica de Cataluña y España

Un argumento bastante simple de partidarios independentistas es a menudo la afirmación de que Cataluña representa el 20% del poder económico de España y, por lo tanto, España depende virtualmente de Cataluña.

Este argumento basado en un análisis de los números absolutos, que es de poca utilidad en el análisis económico, puede dejarse de lado.

A principios de 2019, Cataluña tenía una población de alrededor del 16% de la población de España (todas las cifras de Eurostat), con sólo el 62% de la población nacida en Cataluña, frente a un total de 47 millones de españoles, por lo que el 19% real de la producción económica total de Cataluña no es un argumento viable para la secesión.

Lo mismo se aplica si examinamos la inversión directa desde el extranjero: al 17%, éstas están en línea con la participación de la población de la región e incluso son menores que su participación en el producto nacional bruto del país.

Otro argumento realmente no válido para la fuerza supuestamente desproporcionada de Cataluña es la comparación del PIB absoluto per cápita de Cataluña en comparación con el de España:

Con la suma de 31.000 euros, el PIB per cápita de Cataluña es en realidad significativamente mayor que el de España, que asciende a 26.000 euros.

Si, por un lado, tenemos en cuenta el hecho de que se trata de una media puramente aritmética en términos de creación de valor, queda claro que, en términos estadísticos, los "ingresos por cabeza" de una región pueden aumentar debido, por ejemplo, a que las principales empresas o bancos se han trasladado a la zona, sin que esto tenga ningún efecto real en los propios ciudadanos.

Además, las empresas también pueden alejarse de la región a corto plazo, por ejemplo, si la región se desvinculara del Estado nacional (véase también el capítulo 4.1.4).

Otro aspecto de la relativización de las comparaciones del PIB per cápita es la falta de su relación con los niveles de precios: puede ser que un ingreso más alto en Cataluña tenga menos poder adquisitivo que un menor ingreso en Andalucía.

La forma más eficaz es examinar las cifras clave relativas en las que se basan las siguientes figuras.

Un argumento central de muchos partidarios de la independencia catalana es la afirmación de que Cataluña es económicamente mucho más fuerte e industrializada que la España "agrícola" y, en esa medida, financieramente como contribuyente neto se le pide que pague demasiada compensación financiera.

El gráfico 1 muestra que, en última instancia, el poder económico se distribuye de manera bastante homogenética:

Ya un primer ojeada a la distribución de la participación del PNB economía respectiva en los sectores de la agricultura ("Landwirtschaft" en el gráfico 1), la industria ("Industrie") y los servicios ("Dienstleistungen") hace evidente que la Declaración antes mencionada no es realista.

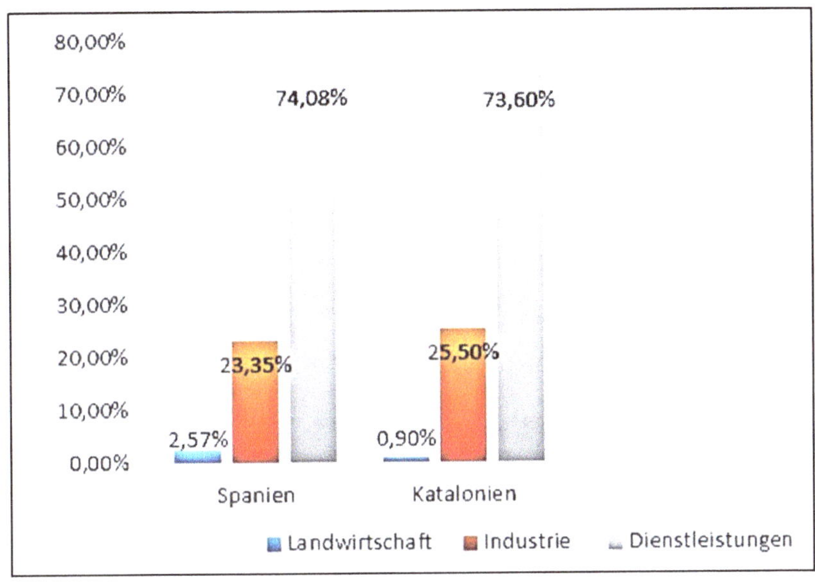


*Gráfico 1:  Distribución del poder económico en el total de España y Cataluña entre los sectores (de derecha a izquierda) agricultura, industria y servicios en 2016 (Statista, 2018a; Comisión European, 2018)*

En ambas áreas consideradas, la producción industrial es de alrededor del 25% de la producción total (un 2% más en Cataluña) y la proporción de servicios es algo inferior al 75% (en Cataluña, a pesar del sector turístico relevante, la proporción es incluso ligeramente inferior a la de España en su conjunto).

Esta situación económica básica relativamente homogénea también se confirma cuando se compara la estructura del empleo en lugar de la fuerza sectorial de que se trate.

El gráfico 2 muestra claramente que existe una estructura de empleo extremadamente homogénea entre Cataluña y España en todos los sectores considerados.

El primer resultado, por tanto, es que no es correcto hablar de estructuras económicas muy diferentes entre Cataluña y de España; bajo ninguna circunstancia puede definirse España como un "Estado agrícolar".

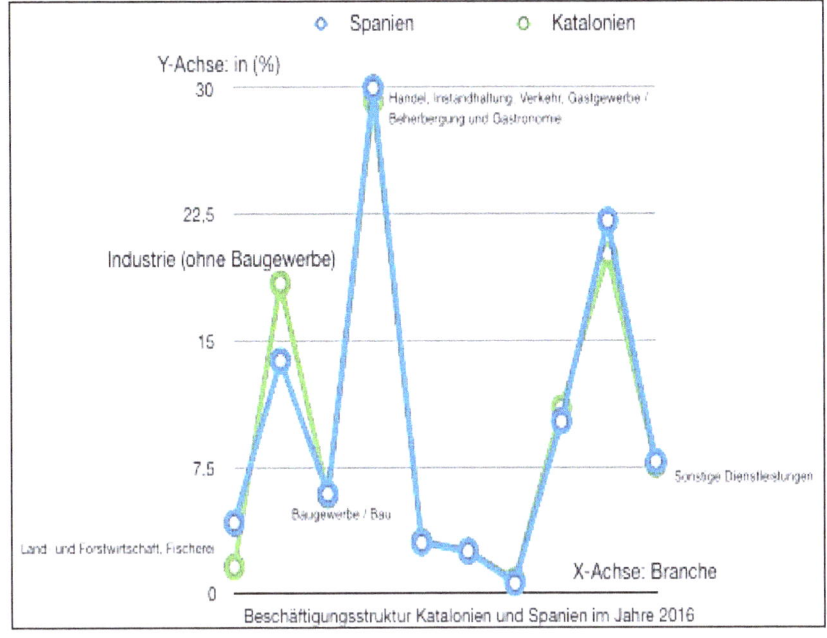



*Gráfico 2: Estructura de empleo de Cataluña y España en su conjunto en diferentes sectores económicos en 2016 (de derecha a izquierda: agricultura, industria, construcción, comercio/mantenimiento/transporte/pernoctaciones/gastronomía, servicios y otros servicios (véase Eurostat, 2019)*

Por último, el gráfico 3 ofrece una visión general del valor añadido bruto real de Cataluña en comparación con el de España y con la región más fuerte de Madrid.

*Gráfico 3:   Valor añadido real bruto de Cataluña comparado con el Estado español en su conjunto y la región de Madrid en 2016 (véase Klaus Schrader / Claus-Friedrich Laaser, 2017, p. 11)*

Como conclusión de una primera comparación económica de Cataluña con el Estado general en cuanto a aspectos de la clave económica y la creación de valor, cabe afirmar que la opinión de muchos partidarios de la independencia catalana no es en absoluto correcta, que Cataluña tiene una estructura económica mucho más heterogénea que España y que "España vive de Cataluña".

Por el contrario, el análisis de la estructura económica, la creación de valor bruto y el crecimiento económico muestra que la composición económica de Cataluña y la de España son notablemente homogéneas. Especialmente si se tienen en cuenta que las diferencias regionales son inevitables en cada país y también dentro de cada región, por razones geográficas y climáticas, entro otras, tambien en una variedad de otros factores de ubicación.

## 3.2 El problema de la deuda pública

Un aspecto completamente subestimado o incluso olvidado en muchos escenarios de salida es la cuestión de la división de la deuda pública existente en caso de secesión.

Gráfico 4 ofrece una visión general de la deuda pública española, que en 2017 representó una deuda per cápita de más de 26.000 euros por español, con algo menos del 99% del PIB.

Además de esta deuda per cápita del Gobierno central, que lógicamente también representa a los catalanes, Cataluña ha acumulado una carga de deuda pública propia de más de 11.000 euros per cápita a finales de 2017, correspondiente a cerca del 35% del PIB catalán.

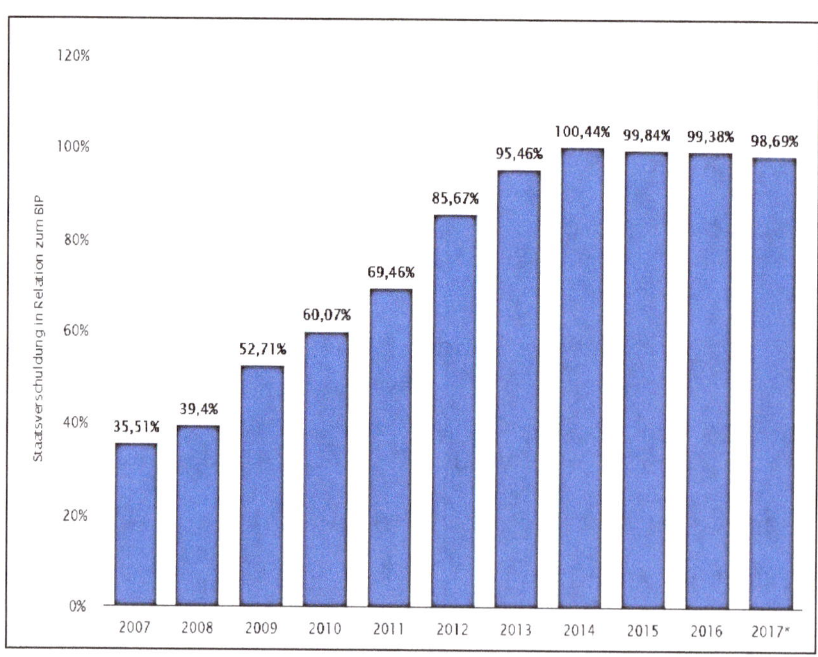


*Gráfico 4: Deuda pública española 2007 a 2017 (Statista, 2018b) Spanish public debt 2007 to 2017 (Statista, 2018b)*

34

Cataluña es, por tanto, la región más endeudada de España, a pesar de la fortaleza económica que se percibe. Cataluña está endeudada con bancos, mercados de capitales y, con 10.000 millones de euros, directamente con el Estado español.

La comprensión de esto es que, en caso de una secesión de España, Cataluña también tendría que pagar su parte de la deuda del Estado general además de su propia deuda.

La pregunta central ahora es cómo sería una transferencia de deuda de este tipo o específicamente:

¿Qué cantidad se atribuiría a Cataluña?

En respuesta, se pueden mencionar dos escenarios útiles para usar una clave de distribución:

**1. Escenario:**

La clave de distribución se determina sobre la base de la fortaleza económica (PIB) y luego sería cercana a 5 : 1, correspondientemente Cataluña tendría que asumir el 19% de la deuda total de España.

## 2. Escenario:

La clave de distribución se define proporcionalmente al número de residentes y luego sería aproximadamente 6,2 : 1, lo que pone el 16% de la deuda del Gobierno central a expensas de Cataluña.

La carga de la deuda asumida por Cataluña en caso de su secesión del Estado central español aumentaría en torno al 235% hasta el 280%, lo que significa que aumentaría en torno al 100% del producto interior bruto de Cataluña.

Las consecuencias resultantes se examinan en el capítulo 4.1.3.

## 3.3  Comercio exterior

Otro indicador económico clave es el comercio exterior.

El gráfico 5 compara las respectivas exportaciones e importaciones de España y Cataluña en relación con su

PIB y revela por primera vez una diferencia estructural entre la economía de Cataluña y la de España:

Cataluña tiene una orientación significativamente mayor hacia el comercio exterior que España, en relación con su desempeño económico. Cataluña también ha registrado un excedente de exportación ligeramente mayor en comparación con sus importaciones. Si examinamos la contribución del comercio exterior en relación con el PIB, esta cifra es del 3% para España y del 5,8% para Cataluña.

Además, las exportaciones españolas son un 10% superiores a sus importaciones, mientras que las exportaciones catalanas superan sus importaciones en un 18%.

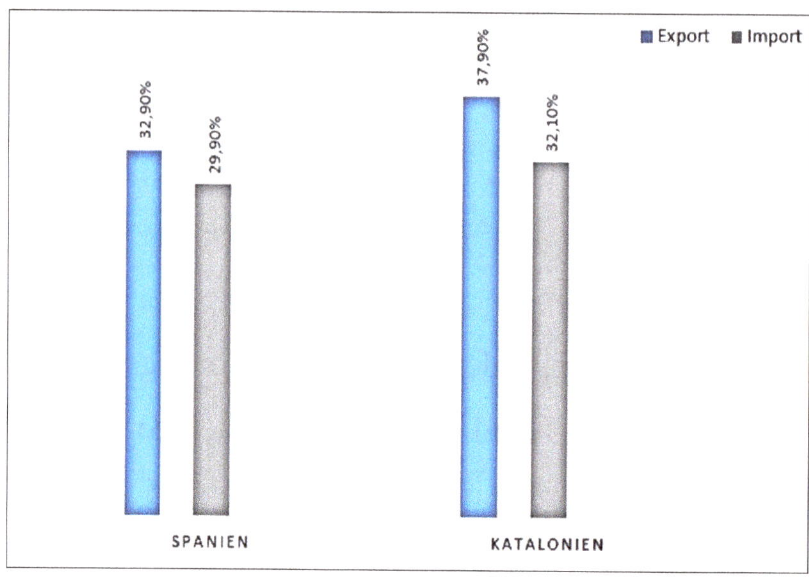


*Gráfico 5: Contingentes de exportación (en azul) e importación (en gris) de España y Cataluña 2017 (Eurostat, cálculo propio)*

Sin embargo, estas constataciones no constituyen una argumentación positiva que pueda utilizarse para justificar la separación de la región desde España, sino todo lo contrario, como se describe en el capítulo 4. 1.

# 4. Las consecuencias económicas de la secesión catalana

Las declaraciones formuladas hasta ahora en los capítulos 2 y 3 han dejado claro que

- existe un deseo profundamente arraigado en la historia de los catalanes de recuperar su independencia

- debido al comportamiento de confrontación entre los dos actores España y Cataluña, esta discusión de independencia se está alimentando actualmente

- sin embargo, no hay razones económicas convincentes para la secesión de Cataluña de España.

Las posibles consecuencias económicas de la secesión para ambas partes se analizan a continuación.

## 4.1 Consecuencias para Cataluña

No es posible realizar un análisis ampliado de todas las posibles consecuencias económicas de la independencia de Cataluña en este breve artículo.

Eneste respecto, las siguientes observaciones se limitan a seis aspectos que se consideran particularmente evidentes y que son objeto de intensos debates en la propia Cataluña:

- ➢ Pérdida de la membresía de la UE
- ➢ Pérdida del Euro
- ➢ Un aumento de la deuda pública
- ➢ Una disminución de los ingresos fiscales
- ➢ Aumento de los costos económicos y políticos
- ➢ Desestabilización política y social

## 4.1.1   Pérdida de la membresía de la UE

Probablemente el punto más central e importante de todas las consideraciones sobre las consecuencias de la independencia catalana es la cuestión de la membresía en la Unión Europea.

Comencemos examinando las implicaciones monetarias discutidas en el siguiente punto.

Es evidente que la pérdida de su pertenencia a la UE, que se produciría automáticamente tras la secesión de España, tendría un efecto devastador en una gran parte del comercio y las exportaciones de Cataluña, debido a su incapacidad para acceder al mercado interior de la UE.

Alrededor del 67% de las exportaciones de Cataluña se venden a otros Estados miembros de la UE y alrededor del 62% de las importaciones de la región proceden de la UE.

Por lo tanto, en caso de "salida", Cataluña se vería mucho más afectada desde el punto de vista comercial que, por ejemplo, el Reino Unido como consecuencia del Brexit

Además, después de la autonomía, todo el "comercio intraespañol" de Cataluña también se convierte lógicamente en comercio transfronterizo: en el caso de la separación hostil, sin duda durante mucho tiempo sin acuerdos de libre comercio u otros acuerdos comerciales aduaneros.

En términos concretos, esto significa: "Con un valor total de producción catalana en 2016 de 135.400 millones de euros, las entregas dentro de la región solo representan el 23,2% de esta suma [...]. Por lo contrario, habría que temer que las entregas interregionales (28,7% del valor de producción) y las exportaciones (48,1% en total), más de las tres cuartas partes de la producción catalana en total, no colapsarán por completo, pero se verán afectadas por restricciones notables sería." (Klaus Schrader / Claus-Friedrich Laaser, 2017, p. 15.)

Además, Cataluña también quedaría inmediatamente excluida de todas las uniones aduaneras, acuerdos de libre comercio y acuerdos de asociación económica existentes que la UE ha concluido con más de 100 países hasta la fecha (ver Comisión Europea, 2020).

La pérdida del comercio libre de derechos o de propiedad preferente con casi todos los socios comerciales de importancia es económicamente aún más difícil de lograr para un país relativamente pequeño que para los Estados grandes: El poder de negociación para concluir sus propios acuerdos de libre comercio atractivos puede considerarse muy bajo.

Junto a los efectos sobre el comercio, ademas las otras libertades fundamentales del mercado interior de la UE (Sección 3 TFUE) son de importancia particular para el éxito económico de la región.

Por ejemplo, Cataluña no sólo perdería la libre circulación de mercancías, sino también la libre circulación de servicios, la libre circulación de personas y la libre circulación de capitales dentro de la Unión Europea.

Con ello se limitarían aspectos tan obvios en la vida de los ciudadanos como la libertad de establecimiento, las transacciones monetarias transfronterizas, las transferencias de efectivo, la adquisición de cosas, los derechos, las empresas, etc. estarían sujetas a restricciones, al igual que las transacciones en el mercado de divisas de divisas, el comercio de acciones, etc.

Sin embargo, este escenario es inevitable en el caso de una secesión de España:

La adhesión automática a la Unión Europea no es posible sobre la base de la llamada "Doctrina Prodi" (en ese momento relacionada con Padania), que fue definida en 2004 por el entonces Presidente de la Comisión Europea Romano Prodi:

«Un ámbito que se separa de un Estado miembro de la UE y se independiza es a partir de ahora un tercer país al que no se aplican los Tratados europeos».

Esta posición también fue retirada por el ex presidente de la Commission europea Jean-Claude Juncker en el apogeo la crisis de autonomía en septiembre de 2017:

«Un nuevo Estado tendría que volver a solicitar el ingreso en la UE y pasar por todo el proceso de adhesión» (Reuters, 2017). Sobre la base del artículo 4 III TUE, la UE está del lado de España, ya que la UE y los Estados de la UE están obligados a cooperar lealmente entre sí.

Por lo tanto, es impensable por parte de la UE u otros Estados miembros apoyar la secesión contra la voluntad del Estado de que se trate.

Cualquier pensamiento de que después de obtener su autonomía, Cataluña solicitaría rápidamente la adhesión a la UE no es válida:

Con arreglo al artículo 49 TUE, apartado 1, sólo podrán admitirse nuevos miembros si el Consejo Europeo ha adoptado una decisión unánime (con el consentimiento del Parlamento de la UE), es evidente que España no aprobaría la admisión de Cataluña en la UE.

En tal escenario, las empresas considerarían con mucho cuidado si se quedarían en Cataluña o trasladarían sus sedes e instalaciones de producción a territorio de la UE, lo que, en este caso, simplemente les obligaría a trasladarse al lado español de la frontera con Cataluña. Esto, a su vez, no serviría para fomentar la inversión directa continua de empresas extranjeras en Cataluña e incluso podría hacer que dicha inversión disminuyera.

Todo lo anterior resultaría lógicamente en una disminución significativa de los ingresos fiscales de todos los tipos de impuestos (impuestos sobre sociedades, impuesto sobre el salario e ingresos y estos son impuestos especiales, como el IVA).

### 4.1.2  Pérdida del euro

Además de estos aspectos comerciales de la pérdida de adhesión a la UE, también implicaría la pérdida de la moneda común. El euro sólo puede utilizarse como medio de pago oficial en los Estados miembros de la UEM.

Cataluña tendría que desarrollar su propio banco central e introducir una moneda nueva. Entonces surge la pregunta en cuanto a su valor intrínseco, ya que aún no ha ganado confianza en los mercados financieros.

Una devaluación y, por lo tanto, el consiguiente aumento del costo de las mercancías importadas sería a continuación un escenario probable.

El efecto positivo del hecho de que una devaluación de Cataluña haría que las exportaciones fueran más asequibles se reduciría significativamente o se eliminaría por completo porque las oportunidades de exportación del país se deterioran permanentemente, ya que no es un estado miembro de la UE.

El aumento de los tipos de interés que muy probablemente resultaría de tal presión de depreciación sería una carga adicional para la economía catalana.

Otro problema resultante de la pérdida de adhesión a la Unión Monetaria Europea será el hecho de que se eliminará el "escudo" del BCE:

no más supervisión bancaria y no hay paraguas protectores, programas de compra de bonos o préstamos baratos del banco central en tiempos de escasez de liquidez, sobreendeudamiento o recesión masiva.

Como resultado, Cataluña ya no tendrá ayuda de liquidez por parte del BCE, como se concede a la economía después de la crisis inmobiliaria y financiera de Estados Unidos con alrededor de 2 billones de euros (Wolfgang Eibner, 2017) - y cómo que se volvieron a poner a disposición nuevamente a raíz de la crisis de Corona con el programa PEPP del BCE, que inicialmente ascendió a 750.000 millones de euros (Banco Central Europeo, 2020).

### 4.1.3   Un aumento de la deuda pública

La necesidad de que Cataluña asumiera la responsabilidad de una parte de la deuda total de España -como se muestra en el capítulo 3.2- haría, en el caso de que se separara de España, que el endeudamiento de Cataluña aumentara hasta el 100% de su PIB.

La necesidad posterior de atender esa deuda mediante el pago de intereses constituiría una carga masiva para el presupuesto estatal y, a su vez, conduciría a dos problemas consecuentes",

Esta reducción del margen de maniobra fiscal, que resulta en una disminución del poder de inversión del gobierno, significará que la autonomía no conducirá a una mayor inversión en infraestructura, como se indica en el capítulo 2 como razón del deseo de autonomía.

Por lo contrario, cabe esperar una disminución significativa de la inversión neta del gobierno (véase también: Wolfgang Eibner, 2019).

Esto también es problemático en la medida en que los intereses y los reembolsos de la deuda pública pendiente deben seguir pagando se en euros (u otras monedas extranjeras).

Como segundo problema relevante, los intereses y reembolsos de la deuda publica apieda deben seguir aplicándose en euros (u otra moneda extranjera), lo que presenta a Cataluña el reto difícil de generar suficiente moneda extranjera.

Lo mismo se aplica lógicamente también a las empresas y, si es necesario, a los particulares. Es probable que se trata de un problema casi irresoluble en una situación de disminución de las exportaciones (restricciones al comercio) y aumento de los costos de importación (tras la depreciación de la moneda).

Exactamente esto ocurrirá porque una escasez de divisas conduciría a una devaluación aún mayor de la moneda (debido a las grandes compras de divisas en los mercados de divisas), lo que a su vez requeriría aún más recursos presupuestarios estatales, con el fin de atender aumentos renovados en las tasas de interés y costos de pago derivados de la deuda externa en la propia moneda del país.

Como resultado de la devaluación, los costos de importación aumentarían aún más, lo que llevaría al país a terminar en un círculo vicioso prolongado.

Sin embargo, esto no significa que los problemas de una política monetaria o fiscal hayan sido nombrados de manera concluyente, porque con estos problemas de la política fiscal y monetaria, la solvencia del Estado inevitablemente se deteriorará.

Todo lo anterior conduciría, por su naturaleza, a un deterioro de la solvencia del país, es decir, las agencias internacionales de calificación reducirían la calificación crediticia de Cataluña y/o la calificación de sus bonos públicos, haciendo que las tasas de interés suban una vez más, limitando aún más el presupuesto financiero a las maniobras del Estado (y también de otras como empresas y consumidores).

En general, e incluso mucho antes de tal escenario, a los acreedores probablemente no les gustaría tal secesión: Cataluña ya es la región más endeudada de España.

Las agencias de calificación Fitch y S&P, por ejemplo, ya habían amenazado con reducir la calificación crediticia antenormente de la profundización de la crisis de autonomía.

Como ya se ha mencionado, Cataluña debe a la Junta Central 10.000 millones de euros; este acreedor, en particular, no sería particularmente complaciente en caso de problemas de pago.

### 4.1.4 Una disminución de los ingresos fiscales

Las cadenas causales mencionadas anteriormente deberían dejar claro que, como resultado de la disminución de las exportaciones (y también como resultado de una disminución en el empleo) y del aumento de los costes de importación (lo que provoca una disminución de la demanda del consumidor), los ingresos fiscales catalanes disminuirán, aumentando así aún más los problemas presupuestarios del Estado y reforzando negativamente las restricciones o cadenas causales anteriores.

Además, sin embargo, hay un aspecto muy diferente, más dromático: como resultado de la pérdida de la membresía de la UE, los companies están perdiendo no sólo el acceso sin obstáculos al Union europeo, como se indica en el capítulo 4.1.1, sino también a España.

Por lo tanto, es demasiado obvio que, al igual que a raíz del Brexit, las empresas que dependen del comercio en el sector manufacturero, así como los proveedores de servicios transfronterizos, como los bancos y las compañías de seguros, están trasladando su sede a la vecina España o Francia. La inversión directa en Cataluña disminuirá.

Como resultado, la situación del empleo se deteriora y la demanda disminuye, lo que a su vez conduce a una nueva disminución de la inversión nacional. Por un lado, esto exageraba aún más el éxodo de empresas y, por otro, cada vez más ciudadanos de Cata-lonia emigrarán a la vecina España.

Los efectos negativos sobre los ingresos fiscales y la capacidad decreciente del Estado para financiar sus gastos o incluso para contrarrestar la política económica son evidentes.

### 4.1.5 Aumento de los costos económicos y políticos

Este punto se aborda brevemente en la reminiscencia de las cadenas causales ya mencionadas: el aumento de los costos económicos cómo resultado de una decisión de autonomía será masivo. Estos efectos del coste deben complementarse con otros costos nacionales e internacionales, no con costos insignificantes:

A nivel nacional, y además de la necesidad, como se ha mencionado anteriormente, de crear un banco central propio y la costosa necesidad de crear una nueva moneda propia, también sería necesario crear nuevas unidades policiales, posiblemente un ejército, y un sistema funcional a un nivel general, poner en marcha estructuras administrativas nacionales de pleno derecho y desarrollar y financiar su propio sistemas de seguro social y un sistema jurídico, etc.

Otros aspectos de costos económicos y políticos determinados internacionalmente ser debido a, por ejemplo, en la pérdida de todas las representaciones extranjeros anteriores.

Cataluña tendrá que gestionar la construcción de su propio cuerpo diplomático, financiar ciero el mantenimiento de las embajadas y el establecimiento de redes internacionales para una mejor consolidación de los intereses económicos y políticos.

Además, es necesario ser miembro de una amplia gama de organizaciones internacionales importantes.

El país perdería su pertenencia a todas las organizaciones internacionales de cualquier tipo y, por lo tanto, tendría que entablar negociaciones para reincorporarse a esas organizaciones, es decir, por nombrar sólo la más importante: las Naciones Unidas, el FMI, la OMC, el Banco Mundial, la OMS, etc., y pagar las cuotas de adhesión.

### 4.1.6  Desestabilización política y social

Si la situación económica empeorara, seguirían los aumentos de las cotizaciones a la seguridad social, los gastos de transferencia y los posibles subsidios, como mantener a las empresas en el país.

Las expectativas incumplidas de sus ciudadanos desestabilizarían a largo plazo a Cataluña: el desempleo en Cataluña ya superaba el 14% antes de la crisis de Corona.

La independencia no será capaz de resolver el problema del desempleo. Como se explicó anteriormente, la razón de esto es que existe un peligro muy real de que las empresas abandonen el país, especialmente las principales empresas que son fuertes en términos de creación de valores.

No son sólo las empresas españolas las que trasladarán su sedes y su producción de Cataluña a España tras una secesión. Las empresas extranjeras, como las fuertemente representadas en Cataluña, no sólo las empresas alemanas, especialmente en las industrias automotriz, química y farmacéutica, también considerarán trasladarse a España. Otros asentamientos y la inversión extranjera directa disminuirían.

Cada declive económico adicional desencadenaría inmediatamente un aumento del desempleo y todos sus problemas asociados en lo que respecta al mantenimiento de la armonía política y social, que debe considerarse significativamente más frágil en España que en muchos otros países de Europa.

## 4.2  Consecuencias para España

En términos generales, los riesgos para España que se plantearían si Cataluña se separara parecen ser significativamente más bajos y más manejables:

Aspectos relevantes serían, por supuesto, la pérdida del poder económico catalán, pero también los riesgos crediticios y el problema de un posible papel de la independencia catalana en la influencia de otras regiones.

### 4.2.1  Pérdida del poder económico de Cataluña

Aunque España sí pierde alrededor del 20% de su poder económico, este efecto podría reducirse significativamente una vez que Cataluña se independizara, debido a que las empresas pueden decidir trasladar sus sedes e instalaciones de producción de Cataluña a España.

Esto no sólo crearía puestos de trabajo en España, sino que también provocaría un aumento de los ingresos fiscales, debido a los aumentos no sólo en los ingresos del impuesto sobre sociedades, sino también en los ingresos del impuesto sobre la renta.

El aumento del empleo podría entonces dar lugar a un aumento del gasto de los consumidores, que también podría conducir a un aumento de los ingresos estatales derivados de los impuestos especiales.

Una economía española que estaba experimentando un repunte como resultado de estos factores también podría atraer cantidades cada vez mayores de inversión directa, o recibir inversiones directas que luego fluyen a España después de la independencia de Cataluña.

Una nueva ampliación del ya importante puerto de Valencia a expensas de Barcelona también podría contribuir a ello: hasta ahora, alrededor del 25% de todas las exportaciones y importaciones españoles relevantes para el mar se realizan a través de puertos catalanes.

Después de una secesión de Cataluña, este ya no será el caso.

## 4.2.2  Solvencia

Lo que hay que considerar más crítico es la pérdida de solvencia que se espera que España sufra si Cataluña se independice - las agencias de calificación degradarían a España debido a la pérdida de Cataluña, que es una de las regiones de importancia comercial del país.

Por lo tanto, el presupuesto estatal de España estaría obligado a soportar la carga de los tipos de interés de la deuda estatal, que ya equivale a alrededor del 100% del PIB del país. Este porcentaje tampoco se reduciría si una parte de la deuda del Estado se reasignara a Cataluña, ya que el PIB de España también se reduciría a un grado correspondiente (cf. Capítulo 4.1.3).

### 4.2.3   Fortalecimiento de otros movimientos de autonomía

Otra área problemática sería la señal política que la independencia catalana enviaría a otros movimientos de secesión dentro de España. El condado vasco, en particular, alberga un movimiento independentista históricamente profundamente arraigado, que incluso llevó al grupo separatista ETA a librar una lucha armada por la independencia contra el Estado español durante muchos años.

Otras regiones de España también podrían sentirse envalentonadas por el "camino a la libertad" de Cataluña, al menos hasta que el (en el capítulo 4.1) predijo consecuencias negativas de la secesión hizo sentir su presencia.

# 5. Conclusión y perspectiva

Hasta la ahora se han obtenido los siguientes resultados:

El deseo de independencia de Cataluña está profundamente arraigado en la historia. Como resultado de los enfrentamientos actuales con el Estado central, esta lucha histórica por la autonomía se está alimentando y consolidando aún más.

Los puntos clave aquí son

- la autonomía que se retiró por completo por un corto tiempo en el curso del referéndum de autonomía,
- la negación de una autonomía aún mayor, y
- las largas penas de prisión para los iniciadores del referéndum de independencia.

Paralelamente a esto, un análisis comparativo de los indicadores económicos clave no revela ninguna justificación económica clara para la independencia.

En cambio, el capítulo 4 ha presentado las desventajas probables de una secesión de Cataluña de España paraambos actores, aunque con una acumulación de riesgos muy clara para Cataluña.

Mientras que para España la independencia de Cataluña es un escenario políticamente inaceptable pero económicamente manejable, Cataluña estaría en el peor de los casos incluso al mismo tiempo amenazada existencialmente en su desarrollo económico posterior.

En ese sentido, sería de interés de ambas partes si fuera posible avanzar rápidamente hacia acuerdos sostenibles para desarrollar una estructura federal más fuerte en España, que sirviera para reducir el descontento históricamente latente, pero actualmente explosivo, que sienten los catalanes hacia el gobierno central de España.

En este sentido, los académicos y, sobre todo, la prensa y todas las redes sociales se enfrentarán a la tarea de proporcionar información seria sobre las consecuencias de una secesión y difundir de manera sostenible esa información entre la población a gran escala.

El campo no debe dejarse abierto a los populistas, que, por medio de eslóganes ingenuos, evocan imágenes engañosas de escenarios futuros, siendo algo que hemos presenciado en el caso de otros: un ejemplo típico es el político británico, Nigel Farage, que lo hizo precisamente durante el período previo al Brexit.

Personas de este tipo presenten a sus audiencias mentiras y cuentos de hadas que carezcan de fundamento teórico, promising el "mejor futuro de la historia" si sólo el paternalismo ejercido por una capa política general -en el caso del Reino Unido por la UE o en el caso de Cataluña por España- podría llegar a su fin, las personas y los Estados enteros bien podrían verse descendiendo a un abismo económico.

La realidad es diferente: en tiempos caracterizados por una alta movilidad entre los factores de producción, combinados con grandes competidores o incluso estados hegemónicos geoestratégicamente poderosos como

Estados Unidos o China, las pequeñas entidades que no están afiliadas a las redes (esto se aplica tanto a las empresas como a los estados) no se enfrentan a un futuro briliante, sino todo lo contrario.

# Bibliografía

(El último acceso a las fuentes de www. el 19 de abril de 2020)

- **Michael Alpert, 1994:** A New International History of the Spanish Civil War, Basingstoke 1994.

- **Rudolf Arnheim, 1962/2014:** The Genesis of a Painting: Picasso's Guernica, 1st edition 1962, 9th edition, Berkley, Los Angeles, London 2014.

- **BBC, 2019:** Violent clashes erupt as Spanish court jails Catalonia leaders, in: BBC News, October 14, 2019, https://www.bbc.com/news/world-europe-49974289.

- **Antony Beevor, 2006:** The Battle of Spain: The Spanish Civil War 1936–1939, London 2006.

- **Henry John Chaytor, 1933:** A History of Aragon and Catalonia, Methuan Publishing, London 1933, https://libro.uca.edu/chaytor/achistory.htm.

- **Wolfgang Eibner, 2017:** Low Interest Rate Policy and Quantitative Easing of the European Central Bank (ECB) while Respecting European Public Debt, in: Estonian Discussions on Economic Policy, volume XXV, No. 2, Jäneda 2017.

- **Wolfgang Eibner, 2019:** Debt Relief for the EMU Countries:

A Chance to Restore Europe's Power and to Stabilize the Euro – A Discussion Paper –, in: Estonian Discussions on Economic Policy, volume XXVII, No. 2, Jäneda 2019.

- **Wolfgang Eibner, 2020:** Catalonia's Desire for Independence. Historical Causes and Economic Consequences of a Secession from Spain. In: Estonian Discussions on Economic Policy, volume XXVIII, No. 1, Jäneda 2020.

- **European Central Bank, 2020:** ECB announces €750 billion Pandemic Emergency Purchase Program (PEPP), Press Release vom 18.3.2020, https://www.ecb.europa.eu/press/pr/date/2020/html/ecb.pr200318_1~3949d6f266.en.html.

- **European Commission, 2018:** Tools and databases, vom 28.2.2018, https://ec.europa.eu/growth/tools-databases/.

- **European Commission, 2020:** Negotiations and agreements, https://ec.europa.eu/trade/policy/countries-and-regions/negotiations-and-agreements/#_pending.

- **Eurostat, 2019:** Database: Regional Labour Market Statistics, Employment by age, economic activity and

NUTS 2 regions, based on: https://ec.europa.eu/eurostat/en/data/database.

- **Eurostat, 2020:** Your key to European statistics, https://ec.europa.eu/eurostat.

- **Carme Molinero, Margarida Sala, Jaume Sobrequés (edit.), 2003:** Una inmensa prisión. Los campos de concentración y las prisiones durante la guerra civil y el franquismo, Barcelona 2003.

- **Parlament de Cataluñya, 2012:** Organic Act 6/2006 of the 19th July, on the Reform of the Statute of Autonomy of Catalonia, https://www.parlament.cat/document/cataleg/150259.pdf.

- **Reuters, 2017:** Independent Catalonia would need to apply to join EU: Juncker. World News, September, 14, 2017, https://www.reuters.com/article/us-spain-politics-eu/independent-catalonia-would-need-to-apply-to-join-eu-juncker-idUSKCN1BP210?il=0.

- **Klaus Schrader / Claus-Friedrich Laaser, 2017:** Die Bedeutung Kataloniens für die spanische Volkswirtschaft, Institut für Weltwirtschaft, Kiel Policy Brief, No. 108, September 2017, https://www.econstor.eu/bitstream/10419/172263/1/1007182334.pdf.

- **„Els Segadors":** Los Segadores, L'himne de Catalunya, Himno Nacional de Cataluña, con subtítulos en español, https://www.youtube.com/watch?v=viU-i8q3Kkk.

- **Statista, 2018a:** Shares of economic sectors in gross domestic product (GDP), own research, in: https://www.statista.com/.

- **Statista, 2018b:** Public Debt, own research, in: https://www.statista.com/.

- **TFUE, 2020:** Versiónes Consolidadas del Tratado de la Unión Europea y del Tratado de Funcionamiento de la Unión Europea. (C2012/C326/01), https://eur-lex.europa.eu/legal-content/Es/TXT/PDF/?uri=CELEX:12012E/TXT.

- **Time, 2017:** Catalonia Just Voted for Independence From Spain. Here's Why That Is Unlikely to Happen, in: time.com, October 2, 2017, https://time.com/4964559/catalan-independence-referendum-spain/.

www.ingramcontent.com/pod-product-compliance
Lightning Source LLC
Chambersburg PA
CBHW061730250726
48657CB00002B/858